AF401312

CATALOGUE

DE

TABLEAUX

PASTELS, MINIATURES, CURIOSITÉS,

Plusieurs pièces en argent du XVI⁰ siècle, dont une magnifique coupe de **BENEVENUTO CELLINI**, Plats de **BERNARD PALISSI**, Émaux, Ivoires, Cristaux de roche, Faïences, Bijoux en or; Pendules, Candélabres et Ornemens en bronze doré du temps de Louis XV et Louis XVI; belle et grande réunion d'anciennes Porcelaines de **Sèvres**, de **Saxe**, de **Chine** et du **Japon**, beaux Biscuits de Sèvres; Meubles, Consoles, Cadres de glaces, Salon du temps de Louis XVI, Baguettes et Ornemens divers en bois doré; belles Dentelles, riches Éventails, Lustres du XVI⁰ siècle,

DONT LA VENTE AURA LIEU,

HOTEL DES VENTES MOBILIÈRES

RUE DES JEUNEURS, 42,

LES 22, 23, 24, 25 ET 26 AVRIL 1850, A MIDI,

Par le ministère de M⁰ **BONNEFONS DE LAVIALLE**,
Commissaire-Priseur, rue de Choiseul, 11,
Assisté de M. **GRANDJEAN.**

EXPOSITION PUBLIQUE

Le Dimanche 21 Avril 1850, de midi à cinq heures.

PARIS

IMPRIMERIE ET LITHOGRAPHIE DE MAULDE ET RENOU,
Rue Bailleul, 9 et 11.

1850

CATALOGUE

DE

TABLEAUX

PASTELS, MINIATURES, CURIOSITÉS,

Plusieurs pièces en argent du XVIe siècle, dont une magnifique
coupe de **BENVENUTO CELLINI**, Plats de **BERNARD
PALISSI**, Émaux, Ivoires, Cristaux de roche, Faïences,
Bijoux en or; Pendules, Candélabres et Ornemens en bronze
doré du temps de Louis XV et Louis XVI; belle et grande
réunion d'anciennes Porcelaines de **Sèvres**, de **Saxe**, de
Chine et du Japon, beaux Biscuits de Sèvres; Meubles,
Consoles, Cadres de glaces, Salon du temps de Louis XVI,
Baguettes et Ornemens divers en bois doré; belles Dentelles,
riches Éventails, Lustres du XVIe siècle,

DONT LA VENTE AURA LIEU, [GRANDJEAN]

HOTEL DES VENTES MOBILIÈRES
RUE DES JEUNEURS, 42,

LES 22, 23, 24, 25 ET 26 AVRIL 1850, A MIDI,

Par le ministère de Me **BONNEFONS DE LAVIALLE**,
Commissaire-Priseur, rue de Choiseul, 11,
Assisté de M. **GRANDJEAN**.

EXPOSITION PUBLIQUE

Le Dimanche 21 Avril 1850, de midi à cinq heures.

PARIS

IMPRIMERIE ET LITHOGRAPHIE DE MAULDE ET RENOU,
Rue Bailleul, 9 et 11.

1850.

AVIS.

La vente se fera au comptant.

Il sera perçu en sus des enchères, cinq pour cent applicables aux frais.

DÉSIGNATION

DES OBJETS.

Objets du 16ᵉ siècle et de haute curiosité.

BIJOUX D'OR ET D'ARGENT, ETC.

1 — Une magnifique coupe en vermeil, ouvrage du xvi° siècle, d'un goût et d'un travail parfait. Ce chef - d'œuvre, que nous croyons de Benevenuto Cellini, représente sur le piédouche des mascarons et des figures, dont le Temps avec ses diverses phases du jour et de la nuit. A l'intérieur, à droite, huit muses sont réunies dans un groupe, tandis que la neuvième, à gauche, accompagnée de Minerve, examine les ruines d'un temple.

2 — Un petit coffret en ivoire d'un beau travail, et portant la date de 1705. Ses quatre bas-reliefs des côtés représentent des sujets tirés de l'histoire de Diane, et le couvercle Apollon visitant les muses. A chaque coin un satyre formant cariatide.

3 — Une bouteille, forme gourde, en argent
ciselé.

4 — Un bénitier en argent, avec le portrait de
saint Pierre, et portant la date de 1482.

5 — Une belle boîte en lapis, creusée dans la
masse, avec monture en or ciselé, du
temps de Louis XV.

6 — Un petit coffret en argent, ciselé et gravé
sur toutes les faces. Ouvrage du commencement du XVIIe siècle.

7 — Un petit bijou émaillé sur or, du temps de
Louis XIII, avec perle fine en pendant.

8 — Un bel émail sur or, forme carré-long.
Sujet d'un guerrier donnant l'olivier de
la paix à une ville qui l'implore sous les
traits d'une femme.

9 — Un grand plateau et son aiguière en argent,
à large bord, ciselé et repoussé, qui représente des mascarons, vases et frises
d'ornements du temps de Louis XIV.

10 — Une ancienne paire de boucles d'oreilles en
lapis, avec monture en or.

11 — Une grande cannette en argent ciselé et repoussé, du temps de Louis XIV.

12 — Une boîte en nacre de perle et monture en
argent, ornée sur le dessus d'un joli
émail sur or.

13 — Plusieurs colliers en grenat oriental avec
monture en filigrane d'or, du temps de
Louis XV, seront détaillés sous ce numéro.

14 — Deux petites boîtes à odeur en vermeil, or-
nées de petites pierres fines.

15 — Une petite cassolette en agate avec monture en or.

16 — Quatre petits lustres en filigrane d'argent,
dont deux à deux rangs de lumières et
deux à un rang, seront détaillés sous ce
numéro. (Style des lustres hollandais du
xvie siècle.)

17 — Une boîte ronde garnie en or, du temps de
Louis XV, avec petite miniature sur le
couvercle, représentant un amour.

18 — Une boîte ronde garnie en or, du même
temps, avec cercles en or et bouquet sur
écaille incrusté d'or et d'argent.

19 — Un porte manteau de cheminée en argent;
travail du commencement du xviie siècle.

20 — Cinq montres émaillées sur or, dont une
d'un bon travail, du temps de Louis XV,
seront détaillées sous ce numéro.

21 — Deux petites broches anciennes en filigrane
d'or.

22 — Un dessus de livre en argent gravé et découpé à jours, d'un bon travail du temps
de Louis XIII.

23 — Un dessus de livre en argent gravé et découpé, même temps et même genre.

24 — Un lot de boutons en filigrane d'argent sera
détaillé sous ce numéro.

25 — Un bénitier surmonté d'une croix et d'un Christ en argent. Ouvrage du temps de Louis XIV.

26 — Un portrait, sujet d'une bergère, émail sur or.

27 — Un petit nécessaire en argent avec flacons à l'intérieur.

28 — Un rond d'argent, sujet de chasse d'un beau travail du xvi° siècle, orné de détails charmants.

29 — Une boîte plate en vermeil, gravé et ciselé du temps de Louis XIV.

30 — Une mosaïque de Florence, bouquet de fruits et de fleurs, en jaspe, agate et lapis.

31 — Un bouquet de fruits et de fleurs sortant d'un vase de lapis.

32 — Un petit tableau de fruits et de fleurs sur agate, encadré de lapis; sujet d'un oiseau voulant prendre une cerise.

33 — Un beau plat de Bernard Palissi; sujet de Persée délivrant Andromède.

34 — Un plat de Bernard Palissi, forme ovale, représentant la Moisson.

35 — Un plat de Bernard Palissi, même forme; la décapitation de saint Jean.

36 — Un plat de Bernard Palissi, avec portrait de Louis XIII enfant.

37 — Un plat de Faënza; triomphe d'Amphitrite.

38 — Un plat de Faënza; sujet de satyres.

39 — Trois saucières de Bernard Palissi, avec figures couchés à l'intérieur, seront détaillées sous ce numéro.

40 — Une pipe turque avec damasquinage en argent.

41 — Une boîte à odeur émaillée sur argent, du temps de Louis XIII.

42 — Un plat de Faënza, avec bordure de bois doré.

43 — Un verre gravé du temps de Louis XIII.

44 — Un étui à ciseaux en fer ciselé et gravé, sur fond damasquiné en or.

45 — Deux carafons et un plateau en cristal de roche, de 25 centimètres de long sur 22 centimètres de large.

46 — Cinq petits portraits d'homme sculpté sur bois dur, d'un beau travail.

47 — Un joli émail sur cuivre, forme carré-long; sujet flamand.

48 — Huit figures en bas-relief. Ouvrage en étain du XVIe siècle.

49 — Un petit trépied à jours de Bernard Palissi.
50 — Deux petits plats ovales de Bernard Palissi.

51 — Un petit coffret en bois. Ouvrage gothique découpé à jours.

52 — Un saint cyboire en cuivre doré. Ouvrage du XVIe siècle.

53 — Un Christ en ivoire.

54 — Six lustres en bronze, style du xvi* siècle, à deux rangs de lumières et de grandeurs différentes, seront détaillés sous ce numéro.

55 — Un couteau avec manche en cristal de roche.

56 — Un cadre en bois sculpté et doré. Ouvrage du xvi* siècle.

TABLEAUX, PASTELS ET MINIATURES.

57 — Cinq belles et grandes miniatures sur vélin, représentant les batailles d'Alexandre, d'après Lebrun. Ouvrage capital d'un travail exquis. Trois desdites miniatures portent 51 centimètres de long sur 27 centimètres de haut, et deux 34 centimètres sur 27. Les cadres sont en ébène à moulures dentelées. (Cet article pourra être divisé.

58 — Un bon tableau, signé Pater; sujet de Colin-Maillard et d'une jeune fille donnant une cerise à un perroquet.

59 — Un tableau, genre Vateau; groupe d'enfants faisant de la musique.

60 — Quatre pastels forme ovale; sujets aimables du temps de Louis XV.

61 — Un tableau, signé Horemans; groupe de danseurs et de musiciens, costumes du temps de Louis XV.

62 — Deux jolis petits tableaux en pendant, dont l'un représente une collation et l'autre un concert, avec riches costumes du temps de Louis XV. (Genre Vateau.)

63 — Un tableau d'après Palamède, représentant un extérieur. A droite un groupe d'hommes avec une femme à table et faisant de la musique, et à gauche un groupe de promeneurs.

64 — Vingt miniatures de l'École hollandaise, peintes sur vélin, représentant des sujets aimables du temps de Louis XV. (Cet article pourra être divisé).

65 — Quatre perroquets peints sur vélin, d'un très bon travail.

66 — Un grand tableau de salle à manger, représentant un groupe de figures (Genre Vateau.

67 — Un bon tableau de l'École française; femme couronnée par un amour. Sujet allégorique riche de composition.

68 — Un tableau; chasseur en pied, costume du temps de Louis XIV.

69 — Un beau pastel, forme carrée, représentant une jeune femme richement habillée.

70 — Deux portraits ovales de l'École hollandaise; jeune garçon tenant un fusil et jeune enfant jouant avec un chien.

71 — Une belle miniature sur vélin; sujet d'une femme mangeant un raisin, avec bordure en cuivre doré.

72 — Une belle miniature sur vélin, pouvant
faire pendant; femme faisant de la musique.

73 — Deux pastels ovales avec cadres de bois
doré; femme avec amour, avec son pendant faisant de la musique.

74 — Une jolie miniature du temps de Louis XV,
avec cercle en or; portrait de femme.

75 — Une jolie miniature du temps de Louis XV,
signé Brugnoux, et portant la date de
1769.

76 — Un tableau à quatre faces, avec petits groupes d'amour, d'après Boucher.

77 — Deux tableaux de fleurs dans des vases,
style Louis XV.

78 — Deux tableaux même genre, mais d'une plus
petite dimension.

79 — Un tableau; paysage, d'après Berghem.

80 — Deux pastels ovales dans leurs cadres en
bois sculpté et doré; jeune fille décorée
d'une rose, avec son pendant symbolisant
l'Espérance.

81 — Une esquisse, signée Dwit, 1738.

82 — Un tableau sur cuivre; sujet de nature
morte.

83 — Deux pastels ovales dans leurs cadres en bois
sculpté et doré; homme et femme en pendants, costumes du temps de Louis XVI.

84 — Une belle miniature sur vélin; portrait
d'homme assis, costume du commencement du xviie siècle.

85 — Un portrait de femme assise, d'un bon travail, costumes de la même époque.

86 — Deux pastels dans leurs cadres en bois doré;
jeunes filles en pendants.

87 — Un tableau sur bois.; Christ couronné
d'épines.

88 — Un tableau; sujet d'amours sur des nuages.
(Genre Boucher.)

89 — Deux tableaux en pendants; paysages,
d'après Berghem.

90 — Deux tableaux, sujets de marines.

91 — Trente-deux tableaux, la plupart portraits
d'hommes et de femmes du XVIIe siècle, seront détaillés sous ce numéro.

92 — Un pastel, représentant une jeune femme.

93 — Deux dessins, sujets champêtres, signés
Ad. de la Croix.

94 — Une miniature, portrait d'homme, costume
du temps de Louis XIII.

95 — Une miniature, portrait d'un jeune homme
du temps de Louis XIV, avec monture en
argent.

96 — Quatre petits tableaux sur vélin, représentant les Quatre Saisons avec paysages hollandais, et signés J. Buerente, 1713, à
La Haye.

97 — Cinq petits tableaux sur vélin, paysages
hollandais avec cadres en bois doré.

98 — Deux petits tableaux peints sur ivoire,
paysages hollandais.

PORCELAINE DE SÈVRES, ANCIENNEMENT DÉCORÉE.

99 — Un joli petit cabaret composé d'un plateau forme carré-long, une tasse et un sucrier avec petites fleurs diverses entrelacées d'un quadrille vert.

100 — Un petit cabaret fond blanc, composé d'un plateau, une tasse, un sucrier et un pot au lait forme trépied.

101 —. Une grande et belle tasse à bord vert rehaussé d'or, avec bouquets de fleurs semés.

102 — Un plateau guéridon à bouquets de roses.

103 — Un plateau guéridon fond blanc à filets d'or.

104 — Douze assiettes blanches fond blanc à filets d'or.

105 — Six tasses à anses à bouquets.

ANCIENS BISCUITS DE SÈVRES, PATE TENDRE.

106 — Un beau groupe représentant une jeune fille à demi couchée sur un garçon qui tient une corbeille de raisins et qui lui en présente une grappe à la bouche.

107 — Deux figures : Garde-à-vous ! pendants, posés sur socles cannelés.

108 — Un groupe de trois figures : jeunes garçons sous les traits d'un guerrier et de Mercure. Sujet allégorique.

109 — Une figure : jeune fille tenant un arc, sujet
pendant au Garde-à-vous !

110 — Deux vases en pendant, avec figures de jeune garçon et jeune fille tenant une gerbe
de blé.

111 — Deux jolies petites figures en pendant : la
Laitière et le Marchand de porcs.

112 — Un groupe : jeune fille avec Amour mon-
tant à un arbre pour lui chercher un nid
d'oiseaux.

113 — Une figure d'enfant chargé d'un fagot.

114 — Un groupe : jeune pêcheur endormi avec
enfant qui lui met une écrevisse dans la
main.

115 — Deux figures : jeune garçon marchand de
macarons, riant en comptant l'argent qu'il
a gagné, et, en pendant, jeune fille pleu-
rant celui qu'elle a perdu.

116 — Une pendule en biscuit surmonté d'une jeune
fille jouant avec un chien.

117 — Un grand vase fond bleu du temps de
Louis XVI, avec figures et ornements à relief fond blanc.

ANCIENNE PORCELAINE DE SAXE.

118 — Deux grands groupes de la plus belle qualité, homme et femme en costume du temps
de Louis XV, ornés de bouquets et guirlandes de fleurs peints et en reliefs d'une

grande richesse d'ornements et d'une réus-
site parfaite. (Haut. 47 cent., y compris
une corbeille qui manque à l'un. desdits
groupes.)

119 — Un débri de cabaret composé de six tasses,
une cafetière, une théière, un sucrier et
un pot au lait à large bord bleu, dessin
d'écaille de poissons, parsemé de bouquets
de fruits et de fleurs.

120 — Un beau groupe : marquis et marquise avec
robe à panier ornée de fleurs semées.

121 — Treize petites figures d'animaux, poule, coq,
paon, écureuil, lapin, etc., seront détaillées sous ce numéro.

122 — Un débri de cabaret composé d'un bol, un
sucrier, une chocolatière, une théière,
un plateau, un pot au lait, trois soucoupes
et une tasse avec fleurs à reliefs dites germandrées et bouquets de fleurs semées.

123 — Un beau groupe de trois figures : la toi-
lette avec fleurs semées dans les habits.

124 — Un   idem.

125 — Une figure : turc tenant une corbeille forme
coquille.

126 — Un grand bol avec bouquets de fleurs et
gaufrage sur le bord.

127 — Un vase grisaille avec bouquets de roses et
de tulipes, rehaussé d'or.

128 — Deux mortiers à bords bruns dessins de
vieux japon.

129 — Une figure de jeune fille ornée de fleurs semées dans sa robe.

130 — Seize assiettes richement gaufrées de fleurs et de feuilles.

131 — Un groupe de jeune fille avec Amour l'enchainant de fleurs.

132 — Deux figures : batelier avec femme, en pendant.

133 — Une saucière forme rocaille de belle qualité, avec gaufrages et fleurs en reliefs.

134 — Quatorze petites bouteilles d'étagère avec fleurs semées, seront détaillées sous ce numéro.

135 — Une figure : la marchande de gâteaux.

136 — Une écuelle fond lie de vin avec plateau et cartouches de fleurs.

137 — Un bol moyenne grandeur avec bord doré, et groupe d'oiseaux.

138 — Neuf assiettes à hachures roses, bords gaufrés à quadrilles avec bouquets de fruits et de fleurs.

139 — Une figure : bergère ornée de guirlandes de fleurs.

140 — Deux jolies petites corbeilles à jour avec fleurs en relief dites germandrées.

141 — Quatre bols décorés sur un patron de vieux japon.

142 — Une figure : jeune garçon jouant du flageolet, avec chapeau orné de grappes de raisins.

143 — Deux petits carlins couchés sur un tabouret
forme rocaille.

114 — Trente-six bols et mortiers de toutes formes
et de toutes grandeurs, dont plusieurs riches de décors et propres à mettre des
fleurs, seront détaillés sous ce numéro.

145 — Un pot au lait forme trépied à bouquets et
guirlandes de fleurs, avec large bordure
fond bleu.

146 — Une figure : Chinoise avec robe parsemée
de fleurs.

147 — Un débri de cabaret à fleurs camaïeux vert
rehaussé d'or, composé d'une cafetière, un
bol, un sucrier, une boîte à thé, une
théière, un pot au lait et six tasses.

148 — Deux petits seaux de Saxe gaufré, avec
bouquets de fleurs semées.

149 — Vingt figures diverses : marquis, marqui-
ses, amours, etc., seront détaillées sous ce
numéro.

150 — Un cabaret composé d'une cafetière, un
sucrier, une boîte à thé, un plateau, un
pot au lait et cinq tasses, imitation de porcelaine du Japon.

151 — Dix figures et groupes d'animaux : mou-
tons, poules, etc., seront détaillées sous ce
numéro.

152 — Cinq salières diverses.

153 — Trois petits compotiers de belle qualité à
bords gaufrés et médaillons d'oiseaux.

154 — Trois soupières ou bols à couvercles, décors
imités du Japon.

155 — Une grande et belle figure tenant une corbeille forme citron.

156 — Deux petites caisses carrées à bouquets avec
gaufrage et fleurs semées.

157 — Deux figures en pendant : femme couchée
tenant une corbeille.

158 — Deux grandes corbeilles à anses, forme ovale
fond à natte de joncs semé de bouquets de
fleurs.

159 — Un pot à anse, forme trépied, orné de fleurs
peintes et en reliefs.

160 — Un pot à anse.

161 — Deux pots à pâtes avec figures d'hommes et
d'animaux.

162 — Deux entremets de légumes avec plats et
bouquets de fleurs peints et en reliefs.

163 — Un beau groupe : berger et bergère, avec
palmier entre eux deux.

164 — Deux cocottes forme trépied avec anses et
couvercles parsemés de bouquets de fleurs.

165 — Cinq plateaux divers avec gaufrage et bouquets de fleurs, seront détaillés sous ce numéro.

166 — Deux petits vases à tête de bélier.

167 — Un sucrier ovale à anses avec grains d'orge
et bouquets de fleurs.

168 — Un seau moyenne grandeur avec bouquets
de fleurs.

169 — Une chocolatière à grains d'orge avec reliefs
et fleurs semées.

170 — Une figure assise représentant un Chinois.

171 — Un pot-pourri pour fleurs représentant un
chien en arrêt de deux perdrix.

172 — Six tasses à anses à fleurs semées, et bords
gaufrés, dessins rocailles.

173 — Deux petits vases avec guirlandes de lau-
riers à reliefs.

174 — Vingt couteaux et fourchettes avec fleurs
semées rehaussés d'or.

175 — Huit couteaux divers patrons dont quatre
non emmanchés.

176 — Plusieurs cafetières de diverses formes et
grandeurs, seront détaillées sous ce numéro.

177 — Une écuelle avec branchage et oiseaux, ornée aux anses de fruits et grappes de raisins.

178 — Un bol à feston, moyenne grandeur, dessins
chinois.

179 — Plusieurs chocolatières de diverses formes
et grandeurs, seront détaillées sous ce numéro.

180 — Deux petits vases rocailles avec fleurs peintes
et en reliefs.

181 — Une écuelle à grains d'orge avec bouquets
de fleurs.

182 — Quatorze assiettes à bouquets avec gaufrage
de fleurs dites germandrées.

183 — Deux figures : Orphée pinçant de la lyre, et muse, en pendant, jouant du flageolet.

184 — Cinq sucriers fond vert-pomme à cartouches de fleurs, seront détaillés sous ce numéro.

185 — Trente-trois théières, pots au lait, sucriers, bols de toutes formes et de toutes grandeurs, décors à figures, oiseaux et fleurs, seront détaillés sous ce numéro.

186 — Quatre tasses à anses, à bouquets.

186 bis. — Deux pots à pâtes avec fleurs et insectes.

187 — Un sucrier à couvercle et à anses avec cartouches à figures rehaussées d'or.

188 — Deux cuillères dont une à jour et l'autre parsemée de fleurs.

189 — Deux corbeilles à jours avec fleurs à reliefs.

190 — Un manche de couteau et de fourchette à figures peintes d'après Vateau, avec monture rocaille en bronze doré, le tout renfermé dans un étui.

191 — Seize assiettes à bouquets avec bords à grains d'orge.

192 — Un vase forme rocaille surmonté d'un bouquet de fleur.

193 — Plusieurs soucoupes et tasses d'échantillons, seront détaillés sous ce numéro.

194 — Un plat moyenne grandeur avec oiseaux, fruits et bouquets de fleurs très bien peints.

195 — Un sucrier forme d'un chou.

196 — Une coupe à anse fond turquoise à côte en relief blanche et or.

197 — Une boîte à thé à bord bleu, dessin d'écaille de poissons.

198 — Un pot-pourri à odeur, forme fruit avec fleurs en reliefs.

199 — Une grande écuelle avec plateau et couvercle, dessins à camaïeux verts.

200 — Cinq tasses à anses fond jaune avec cartouches de fleurs.

201 — Un pot à anse forme trépied avec cartouches à figures.

202 — Un entremets de légumes avec plateau et couvercle, surmonté d'un enfant, à bords gaufrés et bouquets de fleurs.

203 — Deux coupes ovales à bords gaufrés et bouquets.

204 — Huit tasses à anses décorées à bouquets.

205 — Six tasses rondes.

206 — Plusieurs sucriers, bols, cafetières et pots au lait, forme trépied, seront détaillés sous ce numéro.

207 — Une figure pinçant de la guitare.

208 — Une petite écuelle avec couvercle et plateau à grains d'orge et bouquets de fleurs.

209 — Deux seaux à anses et reliefs avec bouquets de fleurs.

210 — Un seau à quatre pieds, forme ronde et bord dentelé.

211 — Deux beurriers à grains d'orge semés de bouquets.

212 — Un grand sucrier forme ovale à grains d'orge et bouquets de fleurs.

ANCIENNE PORCELAINE DE CHINE ET DU JAPON.

213 — Deux beaux cornets du Japon première grandeur, dessins à rosaces en reliefs.

214 — Une garniture de trois vases et deux cornets quatrième grandeur, couvercles à perroquets.

215 — Cinq vases à figures d'une grandeur bonne pour lampes.

216 — Deux corbeilles à jours forme ovale avec plateaux et décors bleu et blanc.

217 — Quatre corbeilles avec petits bouquets émaillés.

218 — Deux beaux bols à figures moyenne grandeur.

219 — Deux beaux bols avec fond à quadrilles bleu et rouge.

220 — Trois assiettes dites pelures d'oignon, richement émaillées sur le bord avec chimères au centre.

221 — Six grandes tasses à chocolat, Japon riche.

222 — Une belle réunion de trois cents paires de tasses d'amateurs en porcelaine dites pelure d'oignon d'une grande richesse et variété de dessins, seront détaillées sous ce numéro.

223 — Deux vases et un cornet, grandeur bonne pour lampes, avec dessins à perroquets.

224 — Deux grands bols à couvercles dont un cassé, Japon riche.

225 — Une garniture de trois vases et deux cornets troisième grandeur.

226 — Un cabaret, fond à quadrilles, composé de quinze grandes tasses à anses, quinze grandes tasses rondes, deux grands bols avec plateaux, deux théières, deux petits bols, trois pots au lait, deux boîtes à thé et quatre plateaux. (Cet article pourra être divisé.)

227 — Deux belles bouteilles émaillées à coqs, avec panse à tabliers, grandeur bonne pour lampes.

228 — Neuf petits bols en beau Japon seront détaillés sous ce numéro.

229 — Quatre sucriers du Japon, forme basse.

230 — Trois sucriers forme élevée.

231 — Deux sucriers à oreilles.

232 — Un perroquet en céladon bleu turquoise bien réussi.

233 — Deux chimères fines d'émail.

233 bis Six assiettes de la plus belle qualité, en porcelaine dite pelure d'ognon, richement émaillées dans le fond d'insectes, fleurs et papillons avec bordure bleue rehaussée d'or. (Cet article sera divisé.)

234 — Un débri de cabaret avec bord fond or semé de petits bouquets et composé de dix-

sept tasses et soucoupes, un grand bol,
une cafetière, deux théières, deux pots
au lait et un sucrier.

235 — Deux canards formant sucriers.

236 — Deux grands et beaux dauphins à couvercles
avec plateaux émaillés formant feuille de
nénuphar.

237 — Deux moyens plats à grandes feuilles fond
rose parsemé d'insectes et papillons.

238 — Un grand et beau vase à figures forme allongée, avec côtes émaillées à quadrilles
de diverses couleurs et dessins.

239 — Un cabaret à paysages composé de douze
tasses rondes. Trois tasses à anses, douze
soucoupes, deux bols, une théière, une
aiguière, une boite à thé et trois plateaux.

240 — Douze grandes tasses et onze soucoupes
forme gobelets cartouches à figures avec
fond vermicelle d'or.

241 — Deux jolis petits seaux de Chine richement
émaillés de fleurs et d'oiseaux.

241 — Quatre chandeliers émaillés.

243 — Une garniture forme octogone, troisième
grandeur, sans défauts.

244 — Quatorze tasses à anses à figures forme
basses et sept soucoupes.

245 — Trois bols émaillés, de la plus belle qualité, en porcelaine dite pelure d'ognons,
avec bords à quadrilles et cartouches

d'oiseaux. (Cet article pourra être divisé.)

216 — Trois grandes cafetières à figures seront divisées sous ce numéro.

217 — Cinq tasses et soucoupes à anses émaillées, dessins à pots de fleurs.

218 — Soixante-huit tasses à anses de diverses formes, dessins et grandeurs, la plus grande partie sans soucoupes, seront détaillées sous ce numéro.

219 — Cinq potiches et deux cornets, quatrième grandeur, couvercles à chinoises.

250 — Une figure chinoise, première grandeur.

251 — Treize assiettes, dessins à poissons.

252 — Un cabaret mandarin avec bordure à vermicelle d'or, composé de onze grandes tasses rondes, six grandes à anses, quinze soucoupes, deux bols dont un à couvercle, une théière, une boîte à thé, un pot au lait et deux plateaux. (Cet article pourra être divisé.)

253 — Deux plats de première grandeur.

253 bis — Deux grandes coupes, forme ronde en Japon riche.

254 — Un joli petit tête-à-tête richement émaillé, à tabliers, composé de deux tasses et deux soucoupes, un bol, une théière, un pot au lait et une boîte à thé.

255 — Deux grands vases, forme rouleau, à dessin bleu et blanc.

256 — Quatre bouteilles du Japon.

257. — Six assiettes richement émaillées, à oiseaux
et bords à tabliers.

258 — Dix tasses à anses, forme basse et soucoupe
émaillées.

259 — Deux vases mandarins, à fond rouge œil de
perdrix.

260 — Douze assiettes à pots de fleurs, bords
à quadrilles bleu.

261 — Deux cornets émaillés, grandeur de lampes,
dessins à tabliers.

262 — Un vase à bouquets avec fleurs en relief.

263 — Cinq sucriers, forme haute à couvercle à
coqs, seront détaillés sous ce numéro.

264 — Cinq compotiers à figure.

265 — Vingt soucoupes et neuf grandes tasses à
mandarins, sujet d'un Chinois donnant
une cerise à un enfant.

266 — Une garniture sans défauts, cinquième
grandeur, couvercles à chimères.

267 — Six beaux plateaux à figures, groupe de
chinoises à table.

268 — Un petit cabaret d'enfant, dessin à oiseaux,
composé de dix tasses rondes, six à anses,
douze soucoupes, deux bols dont un à
couvercle, une théière, une boîte à thé
et un pot au lait·
Six petits vases d'étagère, forme carrée,
dessins à oiseaux et reliefs d'écureuils.

269 — Huit assiettes à figures.

270 — Deux potiches, quatrième grandeur.

271 — Trois grands plats creux, richement émaillés, à quadrilles fond rose.

272 — Deux aiguières à figures.

273 — Deux aiguières.

274 — Quatre sucriers en Japon riche; dessins à
rosaces.

275 — Quatorze cafetières de diverses formes,
grandeurs et dessins dont quelques-unes
montées en argent, seront détaillées sous
ce numéro.

276 — Cinq bols émaillés en dedans et dehors,
avec bords à tabliers.

277 — Une garniture, cinquième grandeur, cornets, forme Lisbée.

278 — Quatre vases et deux cornets émaillés, fond
chocolat, grandeur bonne pour lampes.

279 — Deux grands vases en porcelaine des Indes,
forme Louis XV, dessin à draperie et
fleurs émaillées en relief.

280 — Deux cafetières en Japon, première grandeur.

281 — Un cabaret grisaille à figures rehaussées
d'or, sujet de Chinois à table prenant du
thé, et composé de onze tasses rondes,
quatre tasses à anses, onze soucoupes,
deux bols, une théière, une boîte à thé
et un plateau.

282 — Quatre petits vases et cornets d'étagères,
forme hexagone.

283 — Quatre cents tasses de service de Chine et
du Japon, de toutes formes et de toutes

grandeurs, rondes et anses, seront détaillées sous ce numéro.

284 — Cinq coquilles formant maisonnette, avec
Chinois à l'intérieur.

285 — Six assiettes de Chine, dessins à coqs avec
bords richement émaillés.

286 — Une garniture sans défauts, quatrième grandeur.

287 — Cinq petits compotiers, forme contournée,
richement émaillées avec fleurs, oiseaux
et chimères.

288 — Quatorze belles théières, dont quelques-
unes avec plateaux et fleurs en relief, seront détaillées sous ce numéro.

289 — Trois bols à figures, moyenne grandeur,
fond rouge à quadrilles.

290 — Une garniture, quatrième grandeur, couvercles, à coqs, avec cornets avariés.

291 — Dix-huit tasses à anses émaillées, avec fleurs
et papillons.

292 — Quatorze petits bols à figures avec fond à
quadrilles rouge.

293 — Cinquante sucriers de divers formes et
grandeurs, seront détaillés sous ce numéro.

294 — Quatre-vingt petits vases et cornets d'étagère émaillés et du Japon, seront détaillés sous ce numéro.

295 — Six belles tasses, dont trois rondes et trois
à anses, sujet de Chinoises avec enfant et
pots de fleurs émaillés.

296 — Un beau bol mandarin, moyenne grandeur, avec fond rouge parsemé d'or.

297 — Trois potiches Japon, quatrième grandeur.

298 — Un débris de cabaret, fond or, avec cinq cartouches d'oiseaux émaillés, composé de sept tasses rondes, cinq tasses rondes à anses, quatre soucoupes, une théière, un pot au lait, une boite à thé et deux plateaux.

299 — Seize grandes tasses et dix-huit soucoupes à fleurs, avec riche bordure encadrée d'or.

300 — Deux plats Japon, première grandeur, cinq grands plats Chine, forme à feston richement émaillés dessus et dessous.

301 — Huit plats Japon, moyenne grandeur, dessin à rosace.

302 — Douze assiettes, pareil patron.

303 — Un bol à figures, première grandeur, trente-un plats de Chine et du Japon de diverses grandeurs et dessins, seront détaillés sous ce numéro.

302 — Cent cinquante assiettes de service de Chine et du Japon, seront détaillées sous ce numéro.

306 — Trente-un compotiers de service de Chine et du Japon, seront détaillés sous ce numéro.

307 — Un cabaret des Indes à bouquets avec bordure rouge, composé de douze tasses rondes, six tasses rondes à anses, treize

soucoupes, deux bols, une théière , une boîte à thé, un pot au lait et trois plateaux.

308 — Deux cannettes, dont une à figure et l'autre émaillée.

309 — Deux cornets, cinquième grandeur, neuf grandes tasses et soucoupes émaillées, dessins à quadrilles.

310 — Deux petites terrines, forme ovale avec plateaux et couvercles.

311 — Quatre bols, moyenne grandeur, fond chocolat, émaillées en dedans et en dehors.

312 — Deux cornets et un vase émaillés, dessins à tabliers rouge et d'une bonne grandeur pour lampes.

313 — Environ trente pots au lait de toutes formes et de toutes grandeurs, seront détaillés sous ce numéro.

314 — Six belles tasses émaillées à anses, dessins à quadrilles avec soucoupes rassorties.

315 — Environ trente théières de diverses formes et grandeurs seront détaillées sous ce numéro.

316 — Deux beurriers émaillés avec couvercles et plateaux.

317 — Environ trente vases émaillés et du Japon, bons pour lampes, seront détaillés sous ce numéro.

318 — Deux pots à l'eau émaillés avec figure.

319 — Douze belles tasses, forme haute, à figures avec soucoupes et couvercles.

320 — Deux cornets et un vase à figures, fond
rouge à quadrilles.

321 — Une garniture de trois vases et deux cornets
émaillés, à tabliers, d'une belle grandeur
pour lampes.

322 — Deux vases pour lampes, dessins à perroquets.

323 — Une belle gourde richement émaillée.

324 — Neuf bols émaillés, moyenne grandeur, dessins à grecs, fond vert incrusté dans la
porcelaine.

325 — Deux vases et un cornet fond rouge cartouches à figures.

326 — Deux petites terrines émaillées et cannelées,
avec couvercles et plateaux.

327 — Un débris de cabaret à dessins or et papillons
composé de cinq tasses rondes, six tasses
à anses, neuf soucoupes, grand bol, une
théière, deux pots au lait, une boite à
thé et deux plateaux.

328 — Environ cinquante petites assiettes à
beurre émaillées et du Japon, seront détaillées sous ce numéro.

329 — Une grande et belle théière, forme coq.

330 — Environ cinquante petits plateaux de ca-
barets de diverses formes, dessins et
grandeurs, seront détaillés sous ce numéro.

331 — Trois grandes potiches, première grandeur,
dessins D. et D, seront détaillées sous ce
numéro.

331 — Plusieurs petites garnitures, formant potiche, seront détaillées sous ce numéro.

332 — Douze petits compotiers.

333 — Plusieurs moyens bols en Japon épais, décorés en dedans et en dehors. seront détaillés sous ce numéro.

334 — Une potiche, quatrième grandeur.

335 — Un cabaret à paysage, composé de douze tasses, trois tasses à anses, douze soucoupes à bols, une théière, une aiguière, une boîte à thé et trois plateaux.

336 — Un débris de cabaret à paysage, à bord rouge et bouquets de roses émaillées, composé de dix-sept tasses à anses, dix-huit soucoupes, une cafetière et un pot au lait.

337 — Deux assiettes à figures, en porcelaine, dite pelure d'ognons.

338 — Deux petits beurriers en Japon, forme ovale, avec couvercles et seulement un plateau.

339 — Deux plats à barbe, dont l'un en Japon riche et l'autre forme ovale richement émaillé.

340 — Deux grands compotiers richement émaillés à chimères, en vieux Chine.

341 — Deux cuvettes ovales à huit pans.

342 — Deux cornets émaillés, avec bords à tabliers.

343 — Un grand sucrier, forme ovale, avec couvercle et plateau à jour.

344 — Plusieurs pots à tabac, émaillés et du Japon, seront détaillés sous ce numéro.

345 — Une bouteille fine d'émail avec petits quadrilles sur la panse.

346 — Deux grands vases bleu et blanc, forme allongée.

347 — Deux beurriers avec plateaux et couvercles
émaillés, bords festonnés.

348 — Deux cornets fond chocolat, avec cartouches à figures.

349 — Un vase et un grand cornet bleu et blanc,
forme allongée.

350 — Trois vases et deux cornets émaillés, dessin à canards.

351 — Un sucrier, forme perdrix.

352 — Deux petits sucriers ovales à oreilles.

353 — Deux petits sucriers émaillés.

354 — Deux vases à bouquets, forme carpe.

355 — Deux Chinois à cheval sur des animaux chi-
mériques.

356 — Un débris de cabaret à figures et bords vermicelle d'or, composé de huit grandes
tasses et soucoupes, une théière, un pot
au lait et deux plateaux.

357 — Deux bols avec couvercless et plateaux en
porcelaine gaufrée.

358 — Un sucrier et un bol avec fleurs en relief.

359 — Deux grandes cuvettes à anses, forme
ovale.

360 — Un bol moyenne grandeur avec poissons
émaillés.

361 — Un bol même grandeur à figures émaillées
et bord festonné.

362 — Cinq écritoires et poudrières en beau Japon
avec rosaces en relief.

363 — Deux potiches troisième grandeur, forme
octogone.

364 — Quatre compotiers émaillés en porcelaine
dite pelure d'ognons.

365 — Deux grands plats très profond en porcelaine émaillée.

366 — Un cornet troisième grandeur, forme octogone.

367 — Trois canards émaillés.

368 — Plusieurs fromagers percés à jours avec leurs
plateaux émaillés, seront détaillés sous ce
numéro.

369 — Quatre petits vases ronds à bouquets avec
cuvettes.

PENDULES, CANDELABRES, VASES, GIRANDOLES, FLAMBEAUX ET ORNEMENTS EN BRONZE DORÉ.

370 — Une grande pendule en marbre avec figures,
guirlandes de fleurs, et feuilles d'ornements en bronze ciselé et doré au mat,
du temps de Louis XVI, et posé sur un
socle à jeu de flûtes. (Hauteur 107 cent.
sur 68 cent. de large).

371 — Une grande et belle pendule en marqueterie
forme en S avec son socle en cul-de-
lampe.

372 — Une pendule forme rocaille en bronze doré
du temps de Louis XV, et portant le nom
de Julien Leroi.

373 — Deux grands vases à bouquets en porcelaine
blanche, avec piédouches, à feuilles
d'ornements, et anses à serpents en bronze
doré au mat.

374 — Une pendule à musique en bronze doré au
mat, du temps de Louis XVI ; et portant
le nom de Roque.

375 — Une pendule en marbre blanc et bronze
doré portant le nom de Guy d'Amour.

376 — Deux jolis candélabres forme trépied en
marbre blanc et bronze doré au mat avec
bouquets de roses à trois lumières.

377 — Deux porte-manteaux de cheminée en bronze
doré, sujet de chasse du temps de Louis
XIV.

378 — Une ancienne écritoire, idem.

379 — Une pendule à figures et ornements en
bronze doré d'or moulu, du nom de
Viger.

380 — Deux anciennes mains à papiers en bronze
ciselé et doré.

381 — Deux girandoles rocailles en bronze doré,
du temps de Louis XV.

382 — Une bonne paire de bras à deux lumières en
bronze doré d'or moulu.

383 — Deux grands trépieds à têtes de béliers doré
au mat.

384 — Une paire de vases en marbre blanc avec bouquets à trois lumières; pavots et tulipes dorés au mat.

385 — Une grande fontaine en porcelaine richement montée en bronze doré au mat, du temps de Louis XVI.

386 — Deux girandoles forme trépied à bouquet de tulipes, dorés au mat avec corps en marbre blanc.

387 — Deux flableaux ou vases forme trépied avec corps en marbre blanc.

388 — Deux flambleaux ou vases avec corps en porcelaine.

389 — Une cassolette en marbre blanc avec monture en bronze doré, du temps de Louis XVI.

390 — Deux vases formant flambeaux en bronze doré et vert antique.

391 — Un lustre en bronze doré en feuille, du temps de Louis XV, ornés de cristaux taillés à facettes.

392 — Une paire de vases en porcelaine formant flambeaux avec monture en bronze doré au mat.

393 — Une paire de vases en porcelaine formant flambeaux avec corps en marbre blanc.

394 — Deux candélabres à trois lumières, en bronze doré au mat, avec enfants au vert antique et corps finissant en feuilles d'ornements.

395 — Une main à papier en marbre blanc avec lion en bronze doré au mat.

396 — Une coupe ovale à anses en cuivre doré et repoussé.

397 — Une pendule à colonnes en marbre et bronze doré au mat avec socles à jeu de flutes.

398 — Une pendule à colonnes en marbre blanc et bronze doré au mat, surmontée d'une figure tenant une grappe de raisin.

399 — Quatre vases en bronze doré formant flambeaux avec corps en marbre blanc.

400 — Une paire de candelabres à trois lumières, doré au mat, avec amour au bronze antique.

401 — Quatre candélabres à trois lumières, en bronze doré au mat, du temps de Louis XVI, et corps de femme en bronze antique.

402 — Une pendule en bronze doré, forme de lyre,

403 — Quatre flambeaux dorés, avec corps de femme en bronze.

404 — Deux girandoles en bronze, doré en feuille, avec cristaux taillés à facettes, du temps de Louis XV.

DENTELLES ET GUIPURES.

405 — Un très beau coupon d'Angleterre à riche dessin, du temps de Louis XV. (Longueur 3 mètres 25 centimètres sur 9 centimètres de large).

406 — Un bout d'Angleterre, portant 110 centimètres de long sur 8 centimètres de hauteur.

407 — Une belle paire de barbe en point à l'aiguille.

408 — Un nouveau point à l'aiguille dessin à rivière, du temps de Louis XV, portant 3 mètres 40 centimètres de long sur 9 centimètres de hauteur.

409 — Un grand morceau carré de belle guipure brodée et trois mètres 50 centimètres de pareil en deux bouts.

410 — Un bout de point à l'aiguille, portant 1 mètre 45 centimèmres sur 8 centimètres de hauteur.

411 — Un grand fichu carré, garni d'Angleterre tout autour et de deux grands morceaux formant les pointes, le tout de la plus belle qualité, dessin du temps de Louis XIV.

412 — Trois mètres 70 centimètres de point, dessin à rivière avec petits quadrilles sur 5 centimètres de haut.

413 — Une paire de barbe en Angleterre.

414 — Un morceau de point à l'aiguille, portant 1 mètre 83 centimètres, sur 6 centimètres de hauteur.

415 — Une grande et belle barbe en point à l'aiguille.

416 — Deux mètres 25 centimètres d'Angleterre,
dessin Louis XVI, sur 7 centimètres de
hauteur.

417 — Une paire do barbe de Malines.

418 — Deux mètres 60 centimètres d'Angleterre
sur 6 centimètres de hauteur.

419 — Une petite paire de barbe en Angleterre.

420 — Plusieurs morceaux de dentelle noire et
blanche, ne méritant pas description, seront détaillées sous ce numéro.

ANCIENS ÉVENTAILS.

421 — Un éventail en nacre de perle de la plus
belle qualité, représentant, au centre,
deux grandes figures, costume d'après
Watcau et venant célébrer un hyménée.
Le tout richement doré et d'une conser-
vation parfaite.

422 — Un éventail à larges branches, avec trois
groupes de grandes figures, bonnes de
sculpture et de dorure.

423 — Un éventail en nacre de perle, peint et doré,
avec ornements en or massif sur les pa-
naches.

424 — Un joli éventail, dessins rocaille, riche de
dorure, avec parchemin représentant
Vulcain et plusieurs divinités de l'O-
lympe.

425 — Un éventail en nacre de perle, sculpté et
doré, avec branches à jour, enrichi d'é-

maux à bouquets de fleurs sur les pa-
naches.

426 — Un éventail en nacre, à branches pleines,
sculpté et doré, du temps de Louis XV,
avec parchemin représentant quatre
amours et une jeune fille faisant de la
musique.

427 — Un éventail d'un bon travail, avec parchemin représentant des oiseaux.

428 — Six éventails en vernis, de Martin, seront
détaillés sous ce numéro.

429 — Un éventail en nacre avec branches à jour
sculptées et dorées, et panache représentant un hyménée.

430 — Eventail à branches à jour sculptées et dorées et gouache représentant un hymé-
née.

431 — Un éventail à branches à jours avec parchemin, groupe de quatre figures d'après Wa-
teau.

432 — Un bel éventail à branches touchantes en
nacre sculpté et doré, avec parchemin représentant Mars et Vénus avec un groupe
d'amours.

433 — Un éventail en nacre blanc.

434 — Huit éventails à branches à jours en nacre
sculpté et doré, la plupart d'un bon travail, avec jolies gouaches et parchemins,
seront détaillés sous ce numéro.

435 — Six bons éventails bien conservés sculptés
sur ivoire avec branches touchantes du

temps de Louis XV, seront détaillés sous
ce numéro.

436 — Cinq éventails à larges branches à jours, seront détaillés sous ce numéro.

437 — Trente éventails ordinaires en nacre, de
perle et ivoire du temps de Louis XV et de
Louis XVI, séront détaillés sous ce numéro.

MEUBLES EN BOIS DE ROSE ET MARQUETERIE, ETC.

438 — Un salon composé de panneaux, cadres de
glace et baguettes finement sculptés du
temps de Louis XVI.

439 — Un petit bonheur du jour en marqueterie
de bois forme étagère, découpée à jours.

440 — Trois écrans sculptés sur bois de noyer, dessins rocaille, seront détaillés sous ce numéro.

441 — Une console en bois sculpté et doré.

442 — Un petit coffre en marqueterie d'écaille,
cuivre et étain.

443 — Une écritoire étain.

444 — Une glacière à pieds de biches en marqueterie de bois.

445 — Environ cinquante cadres de glace en bois
sculpté et doré du temps de Louis XV
et Louis XVI, seront détaillés sous ce numéro.

446 — Un coffre en bois sculpté forme triangle.

447 — Un meuble à hauteur d'appui forme demi-
ronde à cylindre et marqueterie de bois.

448 — Une glacière à pieds de biche en marqueterie, à damiers.

449 — Quinze petites boîtes diverses en bois de
rose et marqueterie de bois, propres, en
grande partie, à mettre du thé, seront détaillés sous ce numéro.

450 — Une encoignure formant étagère avec pein-
ture, vernis de Martin.

451 — Environ vingt-cinq paires de bras en bois
sculpté et doré, à deux ou trois lumières,
seront détaillés sous ce numéro.

452 — Une ancienne étagère en bois sculpté et
doré, genre rocaille.

OBJETS DIVERS.

453 — Une cave à liqueurs en bois de rose, avec
six carafons en verre bleu rehaussés d'or
et monture en argent.

454 — Deux vitraux ronds, sujets de sainteté.

455 — Deux épées en bronze tonkain.

456 — Une tasse et deux plateaux en bronze tonkain.

457 — Une paire de pistolets incrustés de fer.

457 *bis* — Quatre petites frises en bois sculpté et
découpé à jours.

458 — Une boîte en bronze tonkain.

458 *bis* — Un soulier en ivoire formant boîte, sculpté et découpé à jours, du temps de Louis XIV.

459 — Dix vases et cornets en verre avec dessins du temps de Louis XV, seront détaillés sous ce numéro.

460 — Onze petits magots en pierre de larre.

461 — Un étui écaille piqué d'or.

461 *bis* — Un étui en nacre de perle.

462 — Un petit cadre ovale en filigrane d'argent.

463 — Un petit ivoire gothique.

464 — Une petit nécessaire en nacre de perle avec garniture, et flacon monté en argent à l'intérieur.

465 — Un coffre en agate avec monture en bronze doré.

466 — Une boîte en bronze tonkain, forme carrée long, représentant une poule et un coq sous un arbrisseau.

467 — Deux amulettes et deux pierres gravées, en lapis.

468 — Une boîte ronde en écaille, avec miniature sur le dessus.

469 — Une pelle, pincette et balai en cuivre torse.

470 — Une bouteille en terre de Perse, avec monture en argent.

471 — Une grande figure chinoise en bois sculpté.

472 — Plusieurs vieux cruchons de grès seront détaillés sous ce numéro.

473 — Un couteau, une cuillère et une fourchette avec manches incrustés d'or et d'argent.

474 — Un bas-relief italien en cuivre doré, représentant la Cène.

475 — Plusieurs vieilles faïences du temps de Louis XIV et Louis XV, consistant en vases à bouquets, aiguières, brosses et plaques d'ornements, seront détaillés sous ce numéro.

476 — Plusieurs plats de faïence de Delphes, du xvie siècle, seront détaillés sous ce numéro.

477 — Une écritoire rocaille en porcelaine d'Allemagne.

478 — Deux corbeilles à jours et relief en porcelaine de Berlin.

479 — Une grande figure en porcelaine d'Allemagne; vieillard appuyé des deux mains sur un bâton.

480 — Un débris de cabaret en porcelaine de Berlin composé d'un plateau, quatre grandes pièces, théières, sucrier et pot au lait, à bouquets de fleurs avec riche bordure bleue, orné de vases et sphinx en relief à fond blanc.

481 — Deux sucriers en verre, forme à festons, avec plateaux et couvercles richement dorés du temps de Louis XV.

482 — Deux grands couvercles pouvant servir à faire le corps d'un lustre en émail de Chine, fond à quadrille.

483 — Un grand vase en porcelaine de Berlin, avec groupe d'enfants en reliefs et ornements, richement rehaussé d'or.

484 — Trois vases à bouquets en porcelaine de La Haye, fond jaune avec cartouches de fleurs.

485 — Deux corbeilles à jours avec plateaux décorés, à oiseaux, en porcelaine de Cronebourg.

486 — Deux porte-montres en cuivre dessin rocaille.

487 — Plusieurs magots en pierre de larre seront détaillés sous ce numéro.

488 — Un lustre en bois doré.

489 — Une paire de flambeaux argentés, genre de Boule.

490 — Deux grands vases en marbre blanc sculptés, à feuilles d'ornements et mascarons, du temps de Louis XV.

491 — Beaucoup d'objets, que le temps n'a pas permis de cataloguer, seront vendus sous ce numéro.

(4390) Imp. Maulde et Renou.

www.ingramcontent.com/pod-product-compliance
Ingram Content Group UK Ltd.
Pitfield, Milton Keynes, MK11 3LW, UK
UKHW021008120726
13693UKWH00004B/1839